# Elmar Gruber

# Wenige Worte, die viel sagen

herausgegeben von
Marianne Strasser

Fotos: Christoph Ranzinger

Löwenzahn-V---
Mai 2004

Dieses Buch ist im Buchhandel
meist nicht erhältlich. Es wird
gegen Rechnung versandt von:

Löwenzahn-Verlag
Marianne Strasser
Fundhobl 4
84494 Niederbergkirchen
Tel. 08639/8253
Fax 08639/8923
marianne.strasser@freenet.de
www.loewenzahnverlag.de


ISBN 3-933473-11-X

Gesamtherstellung:
Druckerei Lanzinger, Oberbergkirchen

**VOR-WORTE**

„Sprache ist geronnenes Erleben."
(L.Klages)
„Erzählen ist das Wieder-holen
der Ursprünge." (J. Goldbrunner)
„Das Wort ist Fleisch geworden."
(Joh 1,14)
Worte sind Gefäße,
erfüllt mit Wirklichkeiten.
Werden die Worte „ausgeschüttet",
d.h. zur Sprache gebracht
beginnen ihre Wirklichkeiten
sich aus-zuwirken
und auf den Empfänger
ein-zuwirken.
Die Wirklichkeit der
ausgesprochenen Worte kann sich
im angesprochenen Hörer zum
schauenden Erkennen verdichten.
Wenn ich die
durch das Wort empfangenen
Wirklichkeiten wieder zu Wort

kommen lasse
und zur Sprache bringe,
werden sie mir immer wieder neu
und tiefer zum Erlebnis.
Gott kommt im Wort,
das ich gläubig
zur Sprache bringe.
Die folgenden Aphorismen
sind ein Versuch,
erlebte Lebenswirklichkeiten
erlebnishaft zu vermitteln.
Je nach Erlebnissituation
und menschlichem Befinden
brauchen manche Worte Zeit
bis sie angehen
und aufgehen können.
Die Zeit, die ich mir nehme,
um mit Worten nachdenklich
und besinnlich umzugehen,
wird belohnt mit der Fülle
des Lebens, die in den Worten
des Lebens verborgen ist.

## Glauben

Viele Menschen können in den
Kirchen Gott nicht finden,
weil sie die Priester
und die Pfarrer
mit Gott verwechseln.

Das Vertrauen bis zur
Unmöglichkeit öffnet die Augen
für das Wunder.

Viele brauchen den Teufel,
damit sie andere
verteufeln können.
Der Teufelsglaube ist teuflisch;
er hat schon viel Unheil
angerichtet.

Ich werde nicht _für_ meine Taten
belohnt oder bestraft,
sondern _in_ meinen Taten.

Friede ist möglich,
wenn alle Menschen
an einen Gott glauben,
der alle Menschen
und Geschöpfe liebt.

Gott kann alles brauchen:
Hass, Wut und Zorn
verwandelt er
zu „Bestand-Teilen" des Lebens,
wenn ich sie ihm anvertraue.

*Niemand und nichts kann und
darf mich von Gott trennen,
auch die Kirche nicht.*

*Hölle ist dort,
wo sich die Unbarmherzigen
treffen.*

*Das <u>Vernichtende</u> im Jüngsten
Gericht wird sein,
dass wir vor uns selbst
nicht bestehen können.
Das <u>Erlösende</u> wird sein,
dass wir mit aller Schuld
vor Gott bestehen können.*

*Wer an Gott glaubt,
kann andere
nicht mehr verteufeln.
Wer andere verteufelt,
glaubt nicht an Gott.*

*Bevor ich Gott erfahren kann,
muss ich mich ihm aussetzen
in blindem Vertrauen.
Das ist die Vor-aus-setzung.*

*Gott will in uns Mensch sein,
damit wir Menschen
menschlich werden.*

*Der Gott-Mensch Jesus
zeigt und bezeugt
dieses unauflösliche Verhältnis
zwischen Gott und Mensch,
zwischen Schöpfer und
Schöpfung.*

*Mitmenschlichkeit ist nur
durch Menschlichkeit erreichbar.
Gott hat als Mitmensch
die wahre Menschlichkeit
geoffenbart.*

Gott ist nicht „Mann" geworden,
er ist „Mensch" geworden.
Im Menschen ist
männlich und weiblich vereint.

Für alle Menschen ist Gott
Mensch geworden, damit die
Gottmenschlichkeit die
Menschen menschlich macht.

In der Menschlichkeit
tritt Gott in Erscheinung.

Wer Jesus nachfolgen will,
darf ihn nicht nach-machen.
Das Prinzip Liebe muss immer
wieder neu, selbstständig und
anders verwirklicht werden.

In der Erinnerung in Wort und
Zeichen ist Jesus gegenwärtig
(Abendmahl, Pesachmahl).

Jesus musste leiden
und am Kreuz sterben,
weil er sich nur so
ein für alle Mal
durchsetzen konnte.

Der Auferstandene
hat Tod und Teufel be-standen.

Himmelfahrt: Du hast mich ganz
und für immer, wenn ich
von oben her dir nahe bin.

Jesus wird wiederkommen.
Er kommt schon
jetzt immer wieder.

Mit der Geburt Jesu
beginnt die Auferstehung Gottes
in der menschlichen Natur;
an Pfingsten ist die Gottesgeburt
vollendet für immer und ewig.

**Pfingsten,
Vollendung der Auferstehung:
Jesus ist im Menschen
auferstanden und ist
„die Auferstehung" geworden.**

**Es gibt nur eine „Todsünde",
eine Sünde, die alles „tötet",
die Sünde, der alle Todsünden
entspringen, die Sünde
gegen den Heiligen Geist:
wenn einer nicht
an die absolute Liebe glaubt
-mit allen Konsequenzen.**

**Jesus ist die menschliche
Verkörperung Gottes.
Er ist „der Sohn", weil er ganz
wie der Vater Gott ist.
Der Hl. Geist, die Liebe,
vereint Vater und Sohn
zur Dreieinzigkeit Gottes.**

*Der Schlüssel zum Himmel
ist Jesus. Er hat sich dem Petrus
und dir anvertraut.*

*Jesus braucht keine Stellvertreter;
er selbst bewirkt alles durch die
Menschen, die der Liebe dienen.*

*Der „Stellvertreter" Gottes
spricht nicht an Gottes Stelle;
er vertritt nur die Stelle,
an der Gott zur Stelle ist
und für sich selber spricht.*

*Für Gott ist jeder Mensch
einzig und einmalig
und doch sind alle Menschen
für ihn nur einer.
Das macht uns solidarisch:
Jeder wird zum Stellvertreter
für den anderen. Was ich allein
tue, betrifft auch alle anderen.*

Maria, die geschöpfliche Gestalt
des „Ewig-Weiblichen";
Maria steht als Typus, Urbild,
Symbol für: Jungfrau, Braut,
Mutter, die Geliebte Gottes,
die einzig Erwählte, Volk Gottes,
Kirche, Menschheit, Schöpfung,
Sophia (Geist und Weisheit
Gottes in der Schöpfung)
(vgl.Spr.8,23-31 und Sir 24,9).

Gott hat als Schöpfer
seine Herr-lichkeit verwirklicht
und in Maria seine Frau-lichkeit.

Jungfrau bleiben =
für Gott immer offen sein,
auch wenn ich ihn nicht begreife.

Jungfrau und Mutter =
Gott empfangen und als Mensch
menschlich zur Welt bringen.

*Die Beziehung Gottes zum Menschen ist so dicht und so stark wie das Verhältnis von Bräutigam und Braut.*

*Das „Ewig-Weibliche"
in jedem Menschen
ist die Sehnsucht nach Gott,
dem „ewigen Bräutigam".*

*„Herr-lich" sind Macht
und Durchsetzung,
„frau-lich" sind Barmherzigkeit
und Vergebung.
Die Barmherzigkeit Gottes
wird sich immer durchsetzen.*

*Das Menschliche
ist zugleich auch das Göttliche.
Es ist die Harmonie zwischen
männlich und weiblich,
zwischen herr-lich und frau-lich.*

*Die gute Beziehung zwischen
Mann und Frau beruht
auf der Harmonie
zwischen männlich und weiblich,
(herrschen und dienen),
die jeden Menschen menschlich
und zugleich göttlich macht.*

*Die Anziehungskraft Gottes
wurzelt in seiner Fraulichkeit,
seine Schubkraft
in seiner Herrlichkeit.*

*Der „Sohn" Gottes
und alle „Gotteskinder" zeigen,
dass Gott zugleich
Vater und Mutter ist.*

*In unserer Männergesellschaft
verdeckt die Herr-lichkeit Gottes
oft seine Frau-lichkeit und seine
Herr-schaft seine Frau-schaft.*

Gott ist uns
„dazwischen" gekommen,
damit wir uns versöhnen
miteinander,
mit uns selbst und mit ihm.

Gott wird erfahrbar,
wenn ich von ihm
aus Erfahrung spreche.

Ohne Gott
ist der Mensch ein Un-mensch.

Gott versteht alles-
auch, dass ich ihn nicht verstehe.

Die vollkommene Liebe
offenbart sich
in unvollkommenen Zeichen.

Jedes Wort wird Gottes Wort
durch die Liebe.

## Gott

Wer sich als Mitgeschöpf
erkennt, wenn er Geschöpfe
streichelt, begegnet seinem
Schöpfer, der ihn streichelt.

Im Augenblick des Glücks
ist Gott ganz nahe.
Gott ist in der Nähe-
in jeder Nähe.

Gott ist der schlimmste „Fehler":
Wenn er fehlt, verschwindet alle Menschlichkeit.

Gott ist im Alltäglichen
verborgen, damit ich ihn
alle Tage immer wieder neu
und anders entdecke.

Wer Gott vertreiben will,
vertreibt sich selber.

Ich vertreibe Gott:
Wenn ich vollkommen sein will,
kann Gott nicht mehr
meine Vollkommenheit sein.

Selbstbetrug:
Der Mensch vertreibt Gott
aus seinem Herzen und klagt,
Gott habe ihn
aus dem Paradies vertrieben.

Viele Menschen übernehmen sich
und werden unangenehm,
weil sie den nicht nehmen,
der sie so nimmt, wie sie sind.

Der Teufel ist besiegt,
aber noch nicht die Hirngespinste
vieler Menschen.

Glaube an Gott!
Ängste und Zwänge
sind Dämonen,
die nur Gott gehorchen.

Menschen können sich
verschließen vor Gott,
doch Gott ist immer
ent-schlossen für den Menschen.

Stell dich ein auf Gott
und gib ihm ein Stelldichein
in deinem Leben.

Wer Gott sehen will,
muss nach ihm schauen;
er wird oft erst
im Nach-schauen sichtbar.

Wer Gott hören will,
muss auf ihn hören; er wird oft
erst im Auf-hören hörbar.

Wer Gott begreifen will,
muss sich von ihm
ergreifen lassen;
er wird oft erst in
der Ergriffenheit begreiflich.

Gott greift nicht ein-
er fängt mich auf,
weil er meine Freiheit achtet,
die ich zum Lieben brauche.

Gott klopft an-
öffnen musst du.

Gott überwältigt
alle Verbrecher durch Liebe.

Gott schimpft und bestraft
mich nicht;
er zeigt mir den Weg,
auf dem es immer weiter geht.

Gott kann auch
die Unerträglichen ertragen.

Gott demütigt den Sünder nicht,
wenn er ihm verzeiht;
er gibt ihm seine Würde zurück.

Der größte Sünder kann
nur mehr vor Gott bestehen.

Der Mensch sündigt durch
Selbst-herrlichkeit,
indem er Gott
die Herrschaft entreißen will.

*Fortgelaufenes Schaf:*
*„Fortlaufend" erfahre ich,*
*dass Gott mir nachläuft*
*bis er mich eingeholt hat.*

*Gott ist gnädig, schon bevor wir*
*ihn um Gnade bitten.*

*Gott ist die Gnade „in Person".*
*Durch mein Bitten*
*kommt die Gnade in Bewegung,-*
*zur Ein- und Auswirkung*
*in meinem Leben.*

*Wer Gott verkünden will,*
*muss gnädig sein,*
*bevor der andere*
*um Gnade fleht.*

*Gott ist treu,*
*er betreut alle,*
*die ihm vertrauen.*

Gott zeigt sich in Zeichen;
ich muss ihn zeichnen, wenn ich
ihn anderen zeigen will.

Wer an die
Alleinherrschaft Gottes glaubt,
hat alles Böse überwunden.

Nicht durch unsere Allmacht,
sondern durch
unsere Barmherzigkeit
werden wir Gott ähnlich.

Gott ist allbarmherzig;
doch erwartet er von uns,
dass wir durch ihn wie er
barmherzig werden.

Wer Gott kennt,
ist von ihm begeistert.
Wer nicht von ihm begeistert ist,
kennt ihn noch nicht.

**Nur Gott ist ganz gut;
seine Güte wird „meine Güte"
durch den Glauben an seine Liebe.**

**Für alle Verluste
ist Gott das Fundbüro.**

**Gott zwingt nicht - er begeistert.**

**Gott hat in den Kirchen
oft so wenig Platz,
weil ihm viele Bischöfe, Priester
und andere Leute
den Platz wegnehmen.**

**Die Bosheit des Menschen
ist für die Liebe Gottes
keine Grenze.**

**Gott ist einzig;
ihm ist alles untergeben,
auch der Teufel.**

**Baum in der Mitte:**
**Gott vermittelt alles,**
**weil er die Mitte von allem ist.**

**Der Gottesbaum steht in der**
**Mitte; ich muss ihn in der Mitte**
**meines Lebens stehen lassen.**

**Du allein**
**bist der Heilige!**
**Niemand kann**
**sich selbst heiligen;**
**ich werde geheiligt, vollendet**
**durch seine Heiligkeit.**

**Das Herz**
**ist die Mitte des Menschen.**
**Der Mittelpunkt des Herzens**
**ist Gott.**

**Vollkommen ist,**
**wer unvollkommen sein kann.**

*Gott ist überall zu finden;*
*gerade dort, wo wir ihn*
*am wenigsten vermuten.*

*In allem, was es gibt,*
*ist Gott verborgen;*
*in mir ist er mir am nächsten.*

*Gott lässt uns oft allein,*
*weil er uns „ganz allein"*
*und „einzig" liebt.*

*Bei jedem Menschen,*
*der die vergebende Liebe vertritt,*
*ist Gott zur Stelle.*

*Meine Aufgabe ist es,*
*eine Stelle zu sein,*
*an der Gott vor-kommt.*

*Durch Gott*
*wird die Liebe grenzenlos.*

**Kein Mensch ist Gott,
auch wenn die Liebe göttlich ist.**

**Der Mensch ist Abbild Gottes;
das Urbild lässt sich im Abbild
und das Abbild im Urbild
finden.**

**Gott ist immer da,
wo etwas da ist.
Ich-bin-da ist sein Name.**

**Der wahre Gott hat viele Namen;
jeder Name, der die Liebe kündet,
ist wahr.**

**Gott liebt stellvertretend
für alle, die noch nicht
oder nicht mehr lieben können.**

**Gott liebt durch alle Menschen,
die die Liebe lieben.**

*Der Zorn Gottes ist furchtbar,
wenn er von gottlosen Menschen
ausgeübt wird.*

*Gott hat keinen anderen Zorn
als den meinen.
Ich muss meinen Zorn
Gott überlassen,
dann macht er ihn
zum Segen durch die Liebe.*

*Gott allein ist vollkommen.
Meine Vollkommenheit
liegt im Annehmen
meiner Unvollkommenheit.*

*Gott schenkt jedem,
was er braucht;
ich darf meine Geschenke
nicht an den deinen,
und die deinen
nicht an den meinen messen.*

**Gott ist die größte Zumutung.**

**Die Gemeinschaft mit Gott
erhebt mich über alle Grenzen,
ohne dass ich überheblich werde.**

**Wer Gott in sich entdeckt,
entdeckt seine Unsterblichkeit
und überwindet alle Ängste.**

**Viele Krisen vermehren sich,
wenn ich sie alleine,
ohne „Erlöser" lösen möchte.**

**Die „heilig machende"
und allein seligmachende Gnade
ist die bedingungslose,
vergebende, grenzenlose Liebe.
Der „einzig wahre"
und allein
seligmachende Glaube
ist der Glaube an diese Liebe.**

Gott, der Schöpfer, schafft alles.
Es ist gut,
dass er nicht alles schafft,
was ich ihm anschaffe.

Jede Begleitung wird lästig,
wenn Gott nicht mitgeht.
Schon bei zweien
ist er dabei als dritter.

Die Entschiedenheit für Gott
bestimmt jede Lebensform.

Der Mensch
ist der „Brennstoff" Gottes,
der selbst entbrennt
und andere entzündet.

Wunder sind Stellen im Leben,
an denen sichtbar wird,
dass Gott alles
in seiner Hand hat.

Gott dient
durch seine Herrschaft,
und er herrscht
durch seinen Dienst.

In der Durchsetzung der Liebe
ist der Gott-Mensch Jesus
zugleich hart und weich,
stark und schwach,
herrlich und fraulich.

Gott versteckt sich
in den Sehnsüchten
des Menschen.

Glaube wird bestätigt
nicht vorher,
sondern nachher.

Wer sich verloren hat,
kann sich in Gott
wieder finden.

**Wer nur mehr
nach dem Nutzen fragt,
kann nichts mehr schön finden.**

**Die ewige Schönheit erstrahlt
in der kurzen Zeit der Blüte.**

**Alle Blumen sind schön,
weil sie so sind,
wie sie an und für sich sind.**

**Auch die Blumen,
die du schenkst,
sind dir geschenkt.**

**Gott spricht durch die Blume,-
doch auch im Unkraut
hat er etwas zu sagen.**

**Die Blumen auf der Wiese
blühen auch für die Sünder.**

## Gemeinschaft

*Wenn ich mich und Gott  
zur Sprache bringe,  
können wir uns  
im Wort begegnen.*

*Lass mich nicht sitzen,  
wenn ich nicht mehr  
sitzen bleiben darf.*

Wer helfen will,
muss ertragen,
dass der andere leidet.

Deine Last kann ich nicht tragen;
ich kann nur dich
mit deiner Last ertragen.

Die Gerichte aus der Küche
können oft besser richten
als die Gerichte im Gerichtssaal:
„Versöhne dich zuerst
mit deinem Bruder!"

Viel Brauchbares geht verloren,
weil ich oft das ver-brauche,
was ich nur ge-brauchen darf.

Sei mir nicht böse:
Du kannst mich ja nur brauchen,
wenn ich mich von dir
nicht verbrauchen lasse.

An der Minderbewertung
des Fraulichen sind
nicht nur die Männer schuld.

Liebe ist hart und weich zugleich;
sie ist der „lebendige Stein",
durch den jede Gemeinschaft
beständig wird.

Der eine verändert,
was ein anderer erträgt.
Beides kann Stärke
und Schwäche sein.

Wenn die Liebe fehlt,
wird das Interesse
zur Kontrolle.

Reich beschenkt wird,
wer es schafft,
das Anschaffen abzuschaffen.

Wer anderen mit Gott droht,
ist selbst ein Teufel.

Der schlimmste Un-glaube
äußert sich in allen
„heiligen Kriegen"
und in der Einteilung
der Menschen in gute und böse.

Augen-Blicke:
Der Blick der Augen,-
der Blick in die Augen,-
Ausblick und Einblick
sind vereint im Augenblick.

Was ich anblicke,
das blickt mich an;
im Anblick der Schöpfung
kann ich „augenblicklich"
die ewige Liebe erfahren.

Last wird leicht durch Liebe.

## Liebe

**Die Liebe rostet nicht,
wenn sie täglich neu beginnt.**

**Die Liebe macht alles
annehmlich und angenehm.**

**Das Anerkennnen von Grenzen
macht die Liebe grenzenlos.**

*Jeder, der die Liebe Gottes
verbreitet, ist ein Engel.*

*Nur durch die Liebe
werden Gnadenlose gnädig.*

*Gott fordert nichts;
er ist die Herausforderung
zu grenzenloser Liebe.*

*Nur der grenzenlos Geliebte
kann grenzenlos lieben.*

*Meine unbarmherzigen Taten
sind verzeihlich,
aber nicht
meine Unbarmherzigkeit.*

*Nur wer dem Dienen dient,
gelangt zur Herrschaft der Liebe
und zu ihrer Herrlichkeit.*

Entscheidend ist die Liebe,
nicht nur das Gefühl.

Falsche Bescheidenheit:
Sie wollen nur „etwas"
vom Leben haben
und nicht das Leben selbst.

Echtes Mitleid
teilt das Leid;
durch falsches
wird es nur verdoppelt.

Der kennt mich am besten,
der meine Fehler versteht.

Gewalt verhärtet,
Liebe verwandelt.

Ein Mensch ist be-liebt,
wenn er sich geliebt weiß;
Gott liebt mich immer.

Unbarmherzigkeit
muss verwandelt werden,
sie kann nicht
vor Gott bestehen (bleiben).

Wer an die Alleinherrschaft
Gottes glaubt,
hat alles Böse überwunden.

Wort wird Fleisch,
Gott wird Mensch,
wenn ich nach dem Prinzip
der Liebe lebe.

Nur was von Herzen kommt,
kann auch zu Herzen gehen.

Hart und weich
sind in der Herzlichkeit vereint.

Die Macht der Liebe
bewirkt alles ohne Gewalt.

*Die Macht der Gewalt
vermehrt die Macht des Bösen;
die Macht der Liebe
besiegt das Böse.*

*Liebe erlebe ich im Lieben,
Vergebung im Vergeben,
Hilfe im Helfen.*

*Auch der Lieblose
ist ein ewig Geliebter,
selbst wenn er es
noch nicht weiß.*

*Lust bringt Freude,
Lust bringt Leid;
es liegt an mir,
was sie mir bringt.*

*Bedingungslose Liebe
verlangt nach
bedingungsloser Weitergabe.*

Gerechtigkeit,
die nicht aus Liebe kommt,
ist die frömmste Form
der Ungerechtigkeit.

Das kleinere Übel
bleibt ein Übel,
auch wenn es besser ist
als das größere.
Die Güte eines Übels
bestimmt die Liebe.

Die Leidfrage
findet keine Antwort;
sie verstummt
in der Überwältigung der Liebe.

Der Inhalt der Liebe ist viel mehr
als ihre Verpackung.
Wer an der Verpackung hängen
bleibt, kann das Gesuchte
nicht mehr finden.

*Herrschen und Dienen,
Tun und Lassen,
Aktiv und Passiv
sind eins in der Liebe.*

*Nichts ist der Unmoral
so entgegengesetzt wie die Liebe,
und nichts ist ihr so ähnlich.*

*Der „christliche Sozialstaat"
ist nur möglich, wenn alle
an die absolute Liebe glauben.
Ein gottfreier Sozialismus
ist wie ein Brunnen ohne Wasser.*

*Gottes Wort:
Ich muss Gott er-hören,
wenn ich ihn
zur Sprache bringen will.*

*Fremdheit befremdet-
bis sie die Nähe verwandelt.*

Für Gott sind
alle Menschen „Jungfrau",
„klug" oder „töricht"-
auch die Männer.

Von der Natur kann jeder lernen,
dass alle Triebe
eine Begrenzung brauchen.
Der Mensch
muss seine Triebe
in liebender Verantwortung
selbst lenken und begrenzen.

Im Fehler-haben-dürfen
erweist sich die Liebe.

Wenn du mich liebst, kann ich
dir meine Fehler zu-geben.

Wer sich selber liebt,
kann sich seine Fehler
eingestehen.

## Wahrheit

**Die ewige Wahrheit
wird durch die Symbole
wahr-nehmbar.**

**Eine Legende
kann oft
mehr Wahrheit vermitteln
als ein Tat-sachenbericht.**

Gott, der Mensch
und jedes Geschöpf
ist ein Geheimnis.
Wer Geheimnisse ergründen will,
geht selbst zugrunde.

Geheimnisse müssen
sich selbst offenbaren.
Wer sie offenbar machen will,
zerstört sie.

Das Leben ist geheimnisvoll.
Meine Geheimnisse muss ich
hüten; sie schützen mich
vor der Veräußerung des Herzens.

Durch das Annehmen
der Unannehmlichkeiten
wird das Leben angenehm.

Wenn ich mich auf Gott einstelle,
kann er bei mir zur Stelle sein.

*Moral, die nicht
aus Liebe kommt
ist Tugend, die nichts taugt.*

*Nur ein winziger Bereich der
Wirklichkeit kann in Maß und
Gewicht erfasst werden.
Mit Herz und Sinn
gelange ich in die Tiefen
des Lebens und der Liebe.*

*Ich brauche einen Frei-sprecher,
der mich freispricht, wenn ich
eingesperrt bin mit mir selbst.
Du- bist mein Freispruch.*

*Das Unsichtbare tritt in
Erscheinung und wird sichtbar für
den, der „mit dem Herzen sieht."*

*Wunder kann man nur
mit dem Herzen sehen.*

*Die Stimme bringt
das Wort zum Sprechen.
Dasselbe Wort kann durch
verschiedene Betonung
Verschiedenes besagen.*

*Meine Stimmung
bestimmt meine Worte und meine
Worte bestimmen die Stimmung.*

*Auch beim Vollmond
sieht man nur die eine Hälfte.
Alles Ganze hat zwei Seiten;
die sichtbare garantiert
zugleich die unsichtbare.
Wer die Schöpfung sieht,
kann auch
an den Schöpfer glauben.*

*Wirklichkeiten
fangen an zu wirken,
wenn ich sie zur Sprache bringe.*

„Wortwörtlich nehmen"
ist oft das Gegenteil von
„beim Wort nehmen".

Lebendige Worte:
Die schönsten Worte
bleiben tot,
wenn sie nicht ansprechend
ausgesprochen werden.

Stark ist,
wer schwach sein kann;
gesund ist,
wer krank sein kann;
ewig lebt,
wer sterben kann.

Im Leben
wird der Vor-behalt
sehr leicht zum Hinter-halt,
so dass sich die Liebe
nicht mehr halten kann.

*Die Titel verdecken oft
den wahren Namen.*

*Die ganze Lächerlichkeit
seines Wesens
bringt der Mensch
in seinen Titeln
zum Ausdruck.*

*Ich bin nicht allein schuld,
wenn ich schuldig bin,-
die anderen aber auch nicht!
Wir sind verstrickt in Schuld.
Die Verstrickung
wird zum Segen,
wenn wir gemeinsam
um Vergebung bitten.*

*Vergebung bewirkt Vergebung;
Vergebung bleibt vergeblich,
wenn ich nicht selbst
vergebend werde.*

Wer schaffen will,
muss Fehler machen können.

Bilde dir nicht ein,
dass du nicht eingebildet bist.

Herausforderung:
Täglich neu und anders
wird mein Ich herausgefordert,
damit die Liebe Einlass findet
in meinem Herzen.

Auch Vor-gesetzte
brauchen Liebe,
damit ihr Vor-sitz
und ihr Ein-satz
durchsetzt mit Menschlichkeit
gelingt.

Das Licht kam in die Welt;
es liegt an unseren Augen,
wenn wir das Licht nicht sehen.

*Blindenheilung:*
*Im Augenblick der Nähe*
*gehen dem Blinden*
*die Augen auf.*

*Deinen Bräutigam*
*oder deine Braut*
*musst du letztlich*
*in dir selber finden.*

*Ob Bräutigam, ob Braut:*
*Die Liebe ist dieselbe*
*in verschiedener Gestalt.*

*Wenn ich mich verdammen*
*oder aus Angst*
*selbst belügen möchte,*
*brauche ich einen Für-sprecher,*
*der zu mir für mich spricht.*

*Alle Punkte werden wichtig*
*durch den Mittelpunkt.*

## Leben

*Glaub' nicht alles,
was du meinst!
„Und wenn du meinst,
es geht nicht mehr..."
Es geht doch
immer wieder weiter.*

*Es geht immer weiter,
wenn ich weitergehe.*

-53-

*Ich brauche einen Standpunkt,
den ich be-stehen kann,
damit ich bestehe.*

*Das Ziel gibt mir die Kraft,
einen - meinen - Weg
dorthin zu finden
und zu gehen.*

*Wenn ich gehe,
wird der Boden
unter meinen Füßen zum Weg.*

*Vieles ginge besser,
wenn wir mehr gingen.*

*Im Auferstehen wird
die Niedergeschlagenheit
annehmbar.*

*Entscheidend für das Leben
ist die Entschiedenheit.*

*Das Leben wird durch
Ent-schließungen erschlossen.
Dem Unentschlossenen bleibt
die Fülle des Lebens
verschlossen.*

*In jeder menschlichen
Entscheidung ist Irrtum
vorbehalten. Erst in der
Entschiedenheit wird der Irrtum
offenbar, der hinführt
zur reiferen Entscheidung.*

*Mein Leben bleibt unentschieden,
wenn ich mich nicht
dafür entscheide
und von allem trenne,
was nicht das Meine ist.*

*Ich darf mich nicht ver-schließen,
wenn ich mich
ent-schließen muss.*

*Das durch Leid Erlernte
versöhnt mich mit dem Leiden.*

*Das Leid bekommt einen Sinn,
wenn ich etwas oder mich
zum Guten hin verändere.*

*Das Leben, das ich mir
er-litten habe, kann mir
niemand mehr ver-leiden.*

*Wer mit Leiden leben kann,
braucht nicht mehr
um Mitleid betteln.*

*Die Kraft der Freude
erweist sich im Leid;
im Leid wird die Freude „wirklich".*

*Alles Leid bleibt sinnlos,
solange ich das Leid
nicht leiden kann.*

Wer darauf wartet,
dass das Leid vergeht, kann nie
mehr froh und fröhlich sein.

Durch Leiden werden wir
vom Leid geheilt.

Wenn ich aufhöre
mich zu ärgern,
hört auch der andere
mit dem Ärgern auf.

Mensch ärgere dich nicht!
Niemand verlangt von dir,
dass du dich ärgern „musst".

Wenn ich mich ärgern darf,
muss ich mich nicht mehr ärgern.

Wer sich selbst nicht ärgert,
kann auch von keinem anderen
geärgert werden.

Nachsicht kann
die beste Vorsicht sein.

Die beste Vorsicht
ist das Vertrauen
in die Vorsehung.

Wer sich nichts gefallen lässt,
kann an nichts Gefallen finden.

Vor-würfe helfen nichts,
wenn sie nach-her kommen.

Jedes Leben
hat Probleme;
ob ich alleine bin
oder mit anderen lebe.

Reich ist,
wer beim Verlieren
nicht mehr (viel)
leiden muss.

Reich ist,
wer nicht besitzen muss,
was ihm gefällt.

Arm ist,
wer nicht sieht, was er hat.

Wer nichts mehr haben <u>muss,</u>
<u>kann</u> alles haben.

Wer sich ent-halten kann,
er-hält alles als Geschenk,-
auch sich selbst.

Vieles kann man nur haben,
wenn man darauf verzichtet.

Liebe ohne Verzicht
ist Verzicht auf Liebe.

Drüberstehen - Überstehen.

In der Erinnerung
sind die Wirklichkeiten
unvergänglich
und zeitlos gegenwärtig.

Ich bin unerträglich,
solange ich mich selbst
nicht ertrage.

Erträgst du mich,
ertrag ich dich;
das ist der Vertrag,
mit dem wir uns vertragen.

„Eigenartig" wird,
wer keine eigene Art
zu leben und zu lieben
entwickelt.

Ver-hoffe dich nicht;
das Glück kommt oft
unverhofft!

Wer die kleinen Freuden
sammelt,
ist auf die großen
nicht mehr angewiesen.
Kleine Freuden
gibt es immer.

Das Glück im Glück
ist das Glücklich sein dürfen.
Un-Glück ist,
wenn ich glücklich sein muss.

Glücklich ist,
wer die anderen
glücklich sein lassen kann,
auch wenn sie anders
glücklich sind als ich.

Oft warten Menschen
auf das große Glück,
das nie kommt,
weil es schon da ist.

*Ein Augenblick des Glücks
rechtfertigt den Aufwand
eines ganzen Lebens.*

*Ein Tropfen genügt, um alles
Wasser zu erschmecken.
Ein Augenblick
des Glücks genügt,
um den Himmel zu erahnen.*

*Wenn die äußere Gestalt vergeht,
wird die innere Schönheit
offenbar.*

*Die Anderheit des anderen
ist sein Geheimnis;
ich kann nur mit ihm leben.*

*Verwechsle nicht die Lebensmittel
mit dem Leben-
und die Medizin mit der
Gesundheit.*

In jeder Krankheit
ist auch die Medizin versteckt.

Gesunde sind oft
unheilbarer als Kranke.

Hab keine Angst vor der Angst;
in Krankheit, Angst und Chaos
liegt auch die Kraft
zur Heilung und Bewältigung.

Der Trost stirbt oft
durch die Vertröstung.
Ich kann nicht ge-tröstet sein,
wenn ich nur ver-tröstet werde.

Hassen kann jeder.
Lieben muss man
durch die Liebe lernen.

Die Freude wird zur Qual,
wenn ich mich freuen muss.

Was du suchst, ist schon in dir;
du hast es nur
noch nicht entdeckt.

Vieles ist nur deshalb unsichtbar,
weil wir es noch nicht sehen.

Neid macht blind für das Eigene,
und aus Blindheit für das Eigene
entsteht der Neid.

Im Erkennen der Finsternis
keimt die Hoffnung
auf das Licht.

Das Gute wird schlecht,
wenn ich es dem anderen
an-tue.

Um Dankbarkeit bitten,
dann wird das Vergangene
zum Geschenk.

*Wer nicht an das Gute  
in sich selber glaubt,  
kann es auch im anderen  
nicht entdecken.*

*Freiheit macht die Liebe möglich,  
aber auch den Hass.*

*Wer gut sein will, muss  
an das Gute in sich glauben.*

*Was wir brauchen,  
darf uns nicht ver-brauchen.*

*Angenehm geworden  
durch angenommen sein.*

*Im All-tag ist  
das ganze Leben verborgen.*

*Das Übel aller Übel  
ist das Verübeln.*

*Komm zu dir,
wenn du Urlaub machst;
bei dir ist es am schönsten.*

*Tapetenwechsel nützt wenig,
wenn die Mauer bricht.*

*Wer mit nichts zufrieden ist,
wird nie zufrieden sein;
wer schon mit nichts zufrieden ist,
wird immer zufrieden sein.*

*Du bist nie verlassen,
auch wenn du dies
nicht spürst.*

*Ohne Vergangenheit
ist keine Zukunft möglich.
Vergangenheit und Zukunft
sind im Augenblick vereint.*

*Zu-mutung macht Mut.*

Ich brauche meinem Leben
keinen Sinn zu geben,
weil es seinen Sinn schon hat.

Der Sinn des Lebens
ist das Leben selbst.
Im Weitergeben
erlebe ich das Leben.

Auch den liebsten Menschen
kann man nicht be-sitzen.
Das Leben wird ent-setzlich
durch Besitzen-wollen.

Im Ver-kommen des Alten
wird das Neue
be-kömmlich.

Einsichten sind Geschenke,
die ich absichtlich
nicht gewinnen
und nicht vermitteln kann.

*Auch durch ein Versehen
kann ich unversehens
neue Einsichten gewinnen.*

*Ich kann nur das begreifen,
was mich ergreift;
und was ich begreife,
das ergreift mich.*

*Wer nichts von sich hat,
kann auch nichts
von sich geben.*

*Wer nichts hinten-lassen kann,
der kann sich auch nichts
vor-nehmen.*

*Nur wer seine Grenzen kennt,
kann über sich hinauswachsen.*

*Der Ungehaltene erlebt die
Folgen der Haltlosigkeit.*

Wer nichts zum Verbinden hat,
soll auch keine Wunden
untersuchen.

Liebend leidend leben lernen.

Lass es dir gesagt sein:
Oft muss man das Gesagte
gesagt sein lassen können.

Wenn ich selbst gerecht bin,
bin ich nicht mehr
selbstgerecht.

Das Menschenherz
ist der Ursprung des Bösen,
wenn Gott nicht in ihm wohnt.

Herzenstüren
öffnen sich von innen,
auch wenn das An-klopfen
von außen kommt.

Wer anderen mit Gott droht,
ist selbst ein Teufel.

Für viele ist der Teufel
ein Vorwand,
um teuflisch zu sein.

Im Allmachtsrausch
schafft sich jeder selbst
die Hölle,
wo er durch Dienen
den Himmel haben könnte.

Im Nach-hinein
wird vieles deutlich,
was von Vorn-herein
nicht sichtbar war.

Erwarte nicht von Menschen,
was dir nur Gott
durch Menschen geben kann.

Jedes Entweder-oder
verlangt irgendwann
ein Sowohl-als-auch,
und jedes Sowohl-als-auch
ein Entweder-oder.

Böses kann Böses nicht vergüten:
Das Böse wird böser,
der Hass wird hässlicher,
die Gewalt wird gewaltiger
durch Vergeltung.

Da-zu-halten:
Ich darf nicht da zuhalten,
wo ich dazuhalten will;
wer zu sich selber hält,
bleibt offen für die anderen.

Der Mensch ersetzt sich selbst
durch Maschinen,
bis er selbst
Maschine ist.

*Wenn mein Leben  
ent-setzlich wird,  
muss ich mich ent-setzen.*

*Die unangenehmsten  
Angehörigen sind die Hörigen,  
die selbst nichts angeht.*

*Wer nur geschimpft wird,  
kann nicht mehr vertrauen.*

*Nichts ist alles,  
weil nicht alles in allem ist.  
Alles ist nichts,  
wenn nicht alles in allem ist.*

*Schuld braucht Vergebung,  
-nicht Vergeltung;  
Hass braucht Liebe,  
-nicht Gegenhass;  
der Mensch braucht Gott,  
-nicht Götzen.*

In der Gemeinschaft
reift die Selbstständigigkeit
(der einzelnen), durch die
die Gemeinschaft reift.

Viele Menschen
sind deshalb von sich
so „eingenommen",
weil sie nichts anderes
zum Einnehmen haben.

Falsche Bescheidenheit:
Sie wollen nur „etwas"
vom Leben haben
und nicht das Leben selbst.

Nur was ich
gut sein lassen kann,
kann mir zu-gute kommen.

Alles, was recht ist,
ist oft nicht ge-recht.

*Letztlich ist nicht der Hunger
das Weltproblem,
sondern die Sattheit
der Egoisten.*

*An und für sich
ist jeder Mensch
von Hause aus gut;
aber gütig
muss er erst werden.*

*Nur durch Güte
wird man gütig.*

*Unser Mangel an
Mitmenschlichkeit muss
durch Gebote und Verbote
aufgefangen werden.*

*Durch Mitmenschlichkeit wird
der Un-mensch menschlich.*

Süchtig wird,
wer sucht,
was es nicht gibt.

Wer den anderen ändern will,
muss sich selber ändern.

Lass mich,
damit ich dich lassen kann.

Mehr Haben bringt selten
mehr Sein.

Die Türe,
die zur Freiheit führt,
führt andererseits
auch ins Gefängnis.

Die Wichtigkeiten
sind vorgegeben;
die Gewichtung
bleibt mir vor-behalten.

Gott ver-wirklicht den Menschen.
Wer sich selbst verwirklicht,
darf sich nicht wundern über das,
was dabei herauskommt.

Erst wenn ich
Gott vergeben habe,
dass er Gott ist, habe ich
mich ihm übergeben.

Gott tut nichts, was ich tun muss;
doch gibt er mir die Kraft dazu.

Ohne Alltag kein Festtag,
ohne Festtag kein Alltag;
wer nur das eine will,
verliert beides.

Die Vorherrschaft der Männer in
unserer Gesellschaft
gründet in der Minderbewertung
des Fraulichen.

*Die Gewöhnung an das
Gewöhnliche macht mich fähig,
den Durchbruch
des Ungewöhnlichen zu erfahren.*

*Gott kann den Verbrecher
vom Verbrechen unterscheiden.*

*Wer Gott (die Liebe) im Auge hat,
der wird ihn auch sehen.*

*Gott wartet auf dich,
worauf wartest du (noch)?*

*Niemand kann den Menschen
Gott entreißen.*

*Der Mensch ist ein Wesen,
das weiß, wie es wäre,
wenn es nicht so wäre,
wie es ist.*

Wenn das Irdische
vollkommen wäre,
wäre es nicht mehr irdisch.
Wenn das Ewige irdisch wäre,
wäre es nicht mehr ewig.
Vereint ist beides im Symbol.

Im Vergehen kommt das
Unvergängliche zum Vorschein.

Ich darf mich nicht vergehen
im Vergänglichen.

Sterben ist
die irdische Weise
der Auferstehung.

Sterben heißt
schon im Leben auferstehen.
Was zurückbleibt,
sind immer nur die Schalen,
die „vor-läufige" Verpackung.

Ewig lebt,
wer viel und oft „gestorben" ist.

Wenn wir das Leben „ersterben"-
dann erstirbt es nicht mehr.

Sterben kann man üben
durch Loslassen und Verzichten.
Wer „sterben" kann,
lebt viel leichter.

Fort-schrittlich ist,
wer Abschied nimmt
ohne zu jammern.

Jeder Tod schafft Probleme,
jeder Tod löst Probleme.

Jeder Fort-schritt
ist ein Ab-schied
und jeder Ab-schied
ist ein Fort-schritt.

Ich mache mich aus dem Staub
in der festen Überzeugung,
dass ich nicht
aus Staub gemacht bin.

Der Tod tötet nur
die irdische Gestalt des Leibes.

Wer den Tod des Geliebten
oder den Verlust
des Liebgewordenen
annimmt, stirbt selber mit.

Viele wollen tot sein,
aber nicht sterben.

Ist der Körper tot,
so ist das Ich entgrenzt
zu vielgestaltiger Verkörperung.

Das Ende des Endlichen
ist der Beginn des Unendlichen.